Giovanni Ciravegna

Pregare

Giovanni Ciravegna

Pregare

Nel tempo Nella vita Nella storia

Edizioni Sant'Antonio

Imprint
Any brand names and product names mentioned in this book are subject to trademark, brand or patent protection and are trademarks or registered trademarks of their respective holders. The use of brand names, product names, common names, trade names, product descriptions etc. even without a particular marking in this work is in no way to be construed to mean that such names may be regarded as unrestricted in respect of trademark and brand protection legislation and could thus be used by anyone.

Cover image: www.ingimage.com

Publisher:
Edizioni Accademiche Italiane
is a trademark of
International Book Market Service Ltd., member of OmniScriptum Publishing Group
17 Meldrum Street, Beau Bassin 71504, Mauritius

Printed at: see last page
ISBN: 978-613-8-39121-0

Presentazione

A conclusione della sua Esortazione apostolica sulla "*Gioia del Vangelo*", Papa Francesco ricorda che gli "evangelizzatori con Spirito" sono quelli che "pregano e lavorano", e dice chiaramente che "senza momenti prolungati di adorazione, di incontro con la Parola, di dialogo sincero con il Signore, facilmente i compiti si svuotano di significato, ci indeboliamo per la stanchezza e le difficoltà, e il fervore si spegne". Afferma poi con decisione che "la Chiesa non può fare a meno del polmone della preghiera".

Il Papa si rallegra anche della diffusa presenza, a livelli diversi, di gruppi di preghiera, di lettura orante della Parola, di adorazione perpetua dell'Eucaristia e ricorda che tanti fratelli lungo la storia, come già i primi cristiani, trovarono in questi momenti fonte di gioia e di coraggio che li resero instancabili nell'annunciare e testimoniare il Vangelo.

Le preghiere pubblicate in questa raccolta hanno all'origine diverse motivazioni ed esperienze: campi-scuola giovanili, riflessioni con studenti, proposte per momenti personali di silenzio e di adorazione, confronti con la quotidianità della vita…

Sicuramente sono preziose per la nostra preghiera le indicazioni offerte dal Salmo 34:

Benedirò il Signore in ogni tempo, sulla mia bocca sempre la sua lode.
Io mi glorio nel Signore: i poveri ascoltino e si rallegrino.
Magnificate con me il Signore, esaltiamo insieme il suo nome.
Ho cercato il Signore: mi ha risposto e da ogni mia paura mi ha liberato.
Guardate a lui e sarete raggianti, i vostri volti non dovranno arrossire.

Questo povero grida e il Signore lo ascolta, lo salva da tutte le sue angosce.

L'angelo del Signore si accampa attorno a quelli che lo temono, e li salva.

Gustate e vedete com'è buono il Signore; beato l'uomo che in lui si rifugia.

PREGARE

La preghiera è la parola dell'uomo che si rivolge a Dio Padre, ma è soprattutto la Parola che Dio rivolge a ciascun uomo, chiamandolo figlio.

Pregare è amore, pregare è vita,
pregare è gioia, pregare è dolore:
pregare è stare con te, Signore.

Pregare è dire: Signore, ti vedo,
pregare è dire: Signore, ti ascolto,
sia fatta la tua volontà.

Pregare è sapere di essere tuoi figli, o Dio;
pregare insieme da veri fratelli,
uniti in un solo cuore.

Pregare è vedere la tua gloria, o Dio,
pregare è sentire la voce che chiama,
è stare in silenzio e adorare.

Pregare è dire sì a te, o Signore,
pregare è dire si ai fratelli
e amare il monto intero.

* *"Vegliate e pregate in ogni momento"* (Mc 13,33).

CERCO IL SILENZIO

La preghiera innesta le sue radici nel silenzio e nell'ascolto.

Signore,
sono qui per rivolgermi a te,
ma non ci riesco,
non so pregare.
Non ne ho voglia,
ritengo la preghiera
una consuetudine quasi sorpassata.

Per me la preghiera è la vita,
è ricerca di giustizia,
è un sorriso sul volto dei fratelli.

Eppure, Signore,
sento che mi occorre qualcosa,
che c'è un vuoto in me:
forse è l'incapacità di tacere,
di fermarmi, di ascoltare.

Signore, rendimi capace
di attendere la tua parola in silenzio.
Per dirti questo, Signore,
ho impiegato pochi minuti.
Sarà questa
la mia vera preghiera?

* *"Gesù se ne andò sulla montagna a pregare*
e passò la notte in preghiera" (Lc 6,12)

INSEGNACI A PREGARE

A pregare si impara pregando.
Il vero maestro di preghiera può essere solamente Gesù.

Signore, insegnaci a pregare, come pregavi tu.
Tu hai detto:
quando preghi chiudi la porta,
prega il Padre tuo nel segreto
e non sprecare inutili parole.

Signore, insegnaci a pregare, come pregavi tu.
Molte volte, di notte,
lasciavi tutti,
ti appartavi in luoghi solitari,
rimanevi a lungo, solo con tuo Padre,
e a lui parlavi dei tuoi amici.

Signore, insegnaci a pregare, come pregavi tu.
Tu hai detto:
non chiunque mi dice "Signore, Signore"
entrerà nel regno dei cieli,
ma chi fa la volontà del Padre mio.

Signore, insegnaci a pregare, come pregavi tu.
Nella notte del Getzemani,
in quel gran momento della tua offerta,
hai chiesto ai tuoi amici di rimanere svegli,
di sostare in preghiera,
per non cedere alla tentazione.

Signore, insegnaci a pregare, come pregavi tu.
Signore, tu hai pregato per tutti noi,
perché ascoltiamo la tua parola,
siamo fedeli ai tuoi insegnamenti,
rimaniamo uniti nel tuo amore.

Signore, insegnaci a pregare, come pregavi tu.

* *Uno dei discepoli disse a Gesù: "Signore, insegnaci a pregare, come anche Giovanni ha insegnato ai suoi discepoli"* (Lc 11,1).

SALIRE

L'azione del "salire", vissuta da Gesù e dai suoi discepoli in momenti fondamentali, può essere simbolicamente ripetuta dal credente, che cerca di penetrare sempre più nel mistero di Dio.

Salire in alto
per vederti, Signore.

Salire sul monte Sinai
per ascoltare la tua Parola
ed apprendere la tua Legge.

Salire sul Tabor
per vivere l'esperienza
della Trasfigurazione.

Salire sulla tua barca
per attraversare con te
il mare della storia.

Salire su una pianta di sicomoro
per vedere i tuoi lineamenti
e fissare il tuo sguardo, Signore.

Salire sulla Croce
per morire con te,
o Salvatore e Redentore.

Salire in alto, nei cieli,
per contemplare il tuo volto
ed abitare nel tuo Regno d'amore,
o Padre, Creatore del cielo e della terra.

* *"Chi salirà il monte del Signore? Chi starà nel suo luogo santo?
Chi ha mani innocenti e cuore puro"* (Salmo 23)

AL MATTINO

Il Signore è con noi, ci guida e ci sorride,
grandioso come il sole che spunta dietro la collina.

Si aprono gli occhi al nuovo giorno,
è un nuovo dono del tuo amore, o Dio.
Fin dal mattino rivolgo a te
il mio cuore e la mia mente;
i desideri, le aspirazioni
e i doveri della mia giornata
a te li presento.

"Svegliatevi, arpa e cetra,
voglio svegliare l'aurora",
voglio cantare inni al Signore.

Chi mi guiderà sui sentieri della vita
se non tu, Signore?
Chi mi darà oggi forza e coraggio
per adempiere fedelmente i miei impegni
se non tu, o Signore?
Chi mi dà calore per amare i fratelli,
chi mi dà gioia per consolare gli afflitti,
chi mi dà pazienza e capacità di perdonare,
se non tu, o Signore?
Fin dal mattino rivolgo a te
il mio cuore e la mia mente
perché sappia fare la tua volontà.

"Svegliatevi, arpa e cetra,
voglio svegliare l'aurora".
Solamente con Dio
potrò fare cose grandi.

* *"Al mattino, Signore, ascolta la mia voce,*
fin dal mattino t'invoco e sto in attesa" (Salmo 5).

ADORARE

Il cuore dell'uomo si apre estatico di fronte al suo Signore, consapevole che solo in Lui troverà pace.

Spalancatevi, occhi miei,
perché voglio contemplare la bellezza di Dio.
Sii, puro, cuore mio,
perché debbo amare il Signore.
Muovetevi, o labbra,
perché la mia bocca deve inneggiare
e cantare salmi di lode.

Fèrmati, stai in silenzio,
davanti al Signore.
Prostrati
dinanzi alla sua grandezza.
Prostrati a terra,
adora il tuo Dio.

Spera in lui,
apri il tuo cuore;
manifesta al Signore la tua vita,
confida i suoi pensieri.

Il Signore che ti conosce
rende sicuri i tuoi passi.
Cerca la gioia nel Signore,
esaudirà i desideri
del tuo cuore.

*"*Solo al Signore Dio tuo ti prostrerai,
lui solo adorerai"* (Lc 4,8).

GRAZIE, SIGNORE

*E' tanto grande il debito di riconoscenza che l'uomo ha verso Dio
che non avrà mai fine il suo rendimento di grazie.*

Rendiamo grazie al Signore,
con tutto il cuore,
per la sua immensa bontà e misericordia.

Ringraziamo il Signore per la fedeltà
a tutte le sue promesse.
Ringraziamo il Signore per tutto il bene
che ha operato in noi:
ci ha liberati dal male,
ci ha salvati dalle sventure,
ha vinto la morte.
Ringraziamo il Signore
per tutte le grazie concesse
e per tutte le invocazioni ancora non esaudite.

Sempre vogliamo dire grazie al Signore.
Grazie sincero, disinteressato, gratuito,
prima e al di là di ogni suo dono.

Grazie, Signore, per la vita e per l'amore.
Grazie, perché tu sei Vita e Amore.
Grazie, signore per gli amici
e per tutte le cose belle.
Grazie, perché tu sei Bontà e Amicizia vera.
Grazie, Signore, per la tua presenza in mezzo a noi
nel pane eucaristico.
Grazie, perché tu sei il Pane Vivo,
disceso dal cielo.

Cosa renderemo al Signore
per tutto quello che ci ha donato?
Innalzeremo il calice della salvezza
e invocheremo il nome del Signore.

* *"Non soni stati guariti tutti e dieci?
Non si è trovato chi tornasse a rendere gloria a Dio,
all'infuori di questo straniero?"* (Lc 17,18).

PREGARE LA SERA

In Dio ogni attimo è l'eternità e l'eternità è un attimo, un tempo senza tempo. A Lui è giusto affidare la vita che per un giorno ancora ci ha donato.

Nel silenzio della sera
tutto invita a pregarti, Signore.
Le ombre già avvolgono la terra,
si odono suoni lontani:
chi torna a casa veloce
chi parte per andare al lavoro
chi corre senza sapere perché.
Per quanti sarà l'ultima sera?

Nel silenzio della sera
tutto invita a pregarti, Signore.
La luce soffusa della lampada,
il tic-tac ritmato dell'orologio,
la calma silente della stanza:
tutto invita a pregarti, Signore.

E' un altro giorno che passa,
è un altro giorno che muore
per dare vita ad una nuova aurora.
E' il breve tempo che fugge
ma che non si perde:
è il tuo tempo, o Dio,
tu, Dio della storia.

La giornata si chiude
come si chiudono gli occhi.
E' una giornata di storia vera, Signore?
Sono nati oggi frutti d'amore?
Frutti che faranno aprire gli occhi
nel cielo dell'eternità?
Nel silenzio della sera
tutto invita a pregarti, Signore.

* *"In pace mi corico e subito mi addormento:
tu solo, Signore, al sicuro mi fai riposare"* (Salmo 4).

PURIFICAMI, SIGNORE

Quando l'uomo si accosta a Dio,
avverte dentro di sé un bisogno sincero di purificazione.

Purificami, Signore,
sarò più bianco della neve.
Purificami da tutto ciò
che intorpidisce il mio cuore,
annebbia la mia vista,
appesantisce la volontà.
Purifica i miei pensieri e la mia mente
perché, libero da ogni ostacolo,
mi possa rivolgere a te.
Purifica le mie labbra
perché sappia degnamente annunciare
la tua parola.

Liberami, Signore, da ogni ostacolo
che mi rende schiavo
ed impedisce il mio cammino verso di te.
Liberami dal mio orgoglio, dalle mie ambizioni,
dalle mie comodità.
Liberami dell'egoismo,
dall'attaccamento alle realtà terrene,
dalla sete di possedere.

Concedimi il dono della sapienza,
tu che sei la Sapienza,
perché sappia discernere
quello che è buono da quello che è male,
quello che è indispensabile
da quello che è inutile,
quello che fa crescere da quello che mi svuota.

Prendi il mio cuore,
purificalo con la tua grazia e il tuo amore,
rendilo libero solo per te.
Purificami, Signore,
sarò più bianco della neve.

* *"Il Dio della pace vi santifichi fino alla perfezione,*
e tutto quello che è vostro, spirito, anima e corpo,
si conservi irreprensibile per la venuta del Signore" (1 Tess 5,23).

HO SBAGLIATO

Riconoscere il proprio sbaglio è il punto di partenza di un cammino che ha come meta sicura il perdono del Signore.

Ho voluto fare di testa mia, Signore,
ed ho sbagliato.
Ho sbagliato oggi, come sbagliavo
ieri;
certamente sbaglierò ancora domani.
Sono fatto così, tu lo sai.

Ma non mi perdo di coraggio.
Non si spegne la mia fiducia in te,
nella tua paziente dolcezza,
nella tua capacità di comprendere,
nella tua generosità di perdonare.
Sono qui, davanti a te,
per dirti il mio sbaglio,
per confessarti il mio peccato
ed attendo fiducioso il tuo perdono.

Già vedo la tua mano benedicente,
già sento per tue labbra pronunciare
la stupenda parola: ti perdono!

Mi rialzo rinnovato,
con nuovo coraggio,
con un desiderio più grande.

Trovo tanta forza
nel tuo gesto d'amore in croce,
provo tanta consolazione
nella preghiera di perdono al Padre
che tua hai fatto per tutti noi.
Dalla Croce hai chiesto perdono
per i peccati di tutto il mondo,
per i peccati di chi ti condannava,
e là c'ero anch'io.

Non comprenderò mai
completamente,
Signore,
cosa ha significato la tua morte in
Croce per me,
non saprò mai misurare la grandezza
del tuo gesto di offerta totale.
La tua vita per la mia vita.

Per ora ti dico: grazie.
D'ora in poi spero
di sbagliare un po' di meno, Signore,
di essere capace
di perdonare un po' di più.

* *"Ora, liberati dal peccato e fatti servi di Dio,*
voi raccogliere il frutto che vi porta alla santificazione
e come destino avete la vita eterna" (Rm 6,22).

TUTTO PARLA DI DIO

Il creato loda il suo Creatore.
Anche la creatura umana è chiamata ad unirsi a questo immenso inno di lode.

I cieli cantano la gloria di Dio,
le stelle raccontano le sue meraviglie.
Tutto il creato loda il suo Creatore,
anche l'essere più piccolo
ringrazia il suo Dio.

Cose grandi ha fatto il Signore per noi.
Tutto ha posto a nostro servizio.
Ha creato il sole e la luna,
gli astri, le stelle e i pianeti
e la terra l'ha affidata all'uomo.

Ha dato vita agli animali,
alle piante e agli uccelli
e l'uomo l'ha fatto più grande di tutti.

Ha fatto scaturire le acque dalle rocce,
ha coperto di neve le montagne
e all'uomo ha dato la capacità
di salire in alto.

Ha diviso il tempo nel giorno e nella notte,
ha stabilito il mutare delle stagioni
e l'uomo l'ha fatto signore della storia.
Quanto sono grandi, o Dio,
le tue opere!
Quanta immensa è la tua bontà
e la tua misericordia!
Ogni creatura canti la bontà del Signore
e lodi in eterno il suo nome.

* *"O Signore, nostro Dio,*
quanto è grande il tuo nome su tutta la terra!" (Salmo 8)

DAVANTI AL TABERNACOLO

Fermarsi in ginocchio davanti a quella piccola fiamma presso il tabernacolo Significa dare tempo a Gesù Eucaristia, significa imparare ad adorare.

Nel silenzio di questa chiesa,
nella solitudine
voglio pregare.
La tremula fiamma
brilla davanti all'altare,
si consuma lentamente.
E' segno della tua presenza viva,
Signore.
Tu, pane eucaristico,
offerto per tutti noi,
sempre presente per dare la vita,
fino alla fine dei tempi.

E' la tua misteriosa presenza.
E' il tuo modo di amare.
Ti adoro, o Divino Sacramento!

Un semplice pezzo di pane
che si trasforma e diventa Dio.
Segno di cibo, di alimento, di vita.
Ti adoro, o Pane di Vita!
Segno della mensa,
di fraternità, di condivisione.
Ti adoro, o Mistero di Comunione!

E' qui,
davanti a questo tabernacolo,
a questa piccola casa del pane,
a questa perenne Betlemme,
che si impara
a diventare pane di vita,
alimento per i poveri, segno di
comunità.
Ti adoro, o Pane di Vita!

Davanti questo tabernacolo
ognuno deve saper diventare
un tabernacolo vivente,
una casa del pane di vita,
una catena d'amore.

Ti adoro, o Divino Sacramento!

* *"Nel nome di Gesù ogni ginocchio si pieghi
nei cieli, sulla terra e sotto terra;
ogni lingua proclami che Gesù Cristo è il Signore"* (Fil 2,10-11)

UNA CANZONE PER TE

Anche nei momenti più scuri della giornata
saper vedere un raggio della luce raggiante del Signore.

Voglio cantare al mio Signore
una canzone,
una canzone fresca
come l'aria del mattino,
una canzone melodiosa
come la voce dell'usignolo,
una canzone travolgente
come l'onda del mare.

Sei tu, Signore,
che ispiri il mio canto
perché sei l'artefice
della mia gioia.

Ero nell'afflizione,
ero nell'angoscia,
ma tua hai trasformato
il mio pianto
in un grido di giubilo,
in un'esplosione di felicità.

E' bastato guardare
con occhi diversi la mia realtà;
non più con occhi miopi,
ma con il tuo sguardo,
uno sguardo lungo
che sa vedere lontano,
dietro le apparenze.

Allora ho scoperto il bene
che ho ricevuto da te,
tutto il bene,
infinitamente più grande
del male e del dolore
che devo sopportare.

Così il mio lamento
è diventato canto,
una canzone di lode
che ritma i miei passi,
la mia danza per Te.

* *"Hai mutato il mio lamento in danza,*
la mia veste di sacco in abito di gioia,
perché io possa cantare per te, mio Dio" (Salmo 29)

SALI SULLA MIA BARCA, SIGNORE

La certezza che il Signore è vicino a noi, è con noi,
supera ogni paura e ridona coraggio e speranza.

Sali sulla mia barca, Signore!

Ho faticato tutta la notte,
ho gettato più volte le reti,
ma inutilmente.
Tante volte ho l'impressione
che la mia vita
sia come una notte trascorsa
in una pesca fallita.
Allora mi assale la delusione,
lo sconforto,
mi prende il senso dell'inutilità.

Sali sulla mia barca, Signore,
per dirmi da che parte
debbo gettare le reti,
per dare fiducia ai miei passi,
per farmi capire
che non devo lavorare da solo,
per convincermi che il mio lavoro
vale niente senza di te,
senza la tua presenza.

Sali sulla mia barca, Signore!

A volte la mia vita
è come quel mare in tempesta;
la barca è sballottata dalle onde,
è in balia dei venti impetuosi.

Sali sulla mia barca, Signore,
per donare calma e serenità.
Prendi tu il timone:
accetto di essere tuo navigatore,
tuo pescatore.
Insieme pescheremo, Signore,
e giungeremo sicuri
al porto della vita.

* *"Gesù salì sulla barca di Simone e lo pregò di scostarsi da terra.*
Sedutosi, si mise ad ammaestrare la folla dalla barca" (Lc 5,3)

ANCH'IO VALGO QUALCOSA

Acquistare consapevolezza del proprio valore
è una tappa importante nel cammino di ogni persona.

Signore,
questa sera sono felice.
Sto vivendo un'esperienza bellissima,
alla quale non immaginavo
di poter partecipare così a fondo.
Mi accorgo che anch'io valgo qualcosa,
anch'io posso essere utile agli altri,
anch'io sono capace di vivere
veramente con gli altri.

Spero che la magnifica sensazione
che sto provando
non svanisca troppo presto.
Spero che quanto sto costruendo
dentro di me
sia solido e non crolli.

Mio Dio, ti ringrazio
di ogni cosa
che mi permetti di avere:
gli amici, la felicità,
la natura così stupenda.
Ti ringrazio
perché vivo,
perché sono io,
perché credo in te.
Grazie, Signore.

* *"Nessuno disprezzi la tua giovane età,*
ma sii esempio nelle parole, nel comportamento, nella carità,
nella fede, nella purezza" (1 Tim 4,12)

NELL'ORA DELLA PROVA

E' soprattutto nei momenti di difficoltà che occorre avere il coraggio di pregare. Sempre il Signore attende la nostra preghiera.

Non è facile, Signore,
accettarti
quando cado nell'angoscia
e nello sconforto.
Ti cerco, ma non so trovarti.
Ho bisogno di riconoscerti
in un gesto, in una parola,
in un volto.
Ho bisogno di capire
che anche quando non c'è gioia
tu sei presente,
che anche quando non c'è speranza
tu sei luce.

Non è facile, Signore,
riconoscerti
quando mi appari
con volto duro ed esigente.

Ma so che ogni cosa
viene da te
e a te ritorna.
Tu sei come un mare
che genera acqua,
a cui ogni acqua rifluisce.

Ti ho cercato, Signore,
solamente nei momenti di gioia,
ma ti ho scoperto vicino
anche nel dolore.
Non so capire tutto
dei tuoi disegni,
ma credo,
Dio grande e potente,
che ogni mistero in te
si chiama "bene".

* *"Il tuo volto, Signore, io cerco,*
non nascondermi il tuo volto" (Salmo 26)

SIGNORE, PERCHE'?

A volte la preghiera non sa esprimere null'altro se non un semplice perché?
Ma questa è già preghiera, è già mettersi fiduciosi nella mani di Dio

Signore,
perché ti sento lontano,
e quando soffro
non riesco a trovarti?

Signore,
non abbandonarmi,
ho tanto bisogno di te.

Signore,
intervieni, aiutami.
Attorno a me
non riesco a trovare
un cuore sincero.
Signore, perché?

* *Ascoltami e io parlerò, io ti interrogherò e tu istruiscimi.*
Io ti conoscevo per sentito dire, ma ora i miei occhi ti vedono"
(Giobbe 42,4-5)

ANCHE IL DOLORE

C'è una realtà che tutti accomuna: il dolore.
Uniti a Cristo, anche l'esperienza dolorosa può diventare una maturazione autentica.

Tutto ha ragion d'essere
anche il dolore,
anche il dolore più atroce
se ha in sé
un caldo germe d'amore.

Signore,
aiutami a soffrire
e a tollerare
i mali della vita
senza lamentarmi.

* *"Il Signore ha dato, il Signore ha tolto, sia benedetto il nome del Signore!*
Se da Dio accettiamo il bene,
perché non dovremmo accettare il male?" (Giobbe 2,10).

SIGNORE, NON SO SOFFRIRE

Gesù, nel suo Vangelo, invita spesso alla gioia,
ma insegna anche ad accettare i piccoli e grandi dolori che la vita riserva.

O Signore,
tu che sai soffrire
con amore e con rassegnazione,
senza lamenti, senza imprecazioni,
anzi perdonando
a chi ti fa del male,
pensa a me
che non vorrei mai soffrire,
che soffro lamentandomi,
forse anche imprecando,
che non so vedere
nella sofferenza
il mezzo migliore
per scontare
il male
che ho fatto.

> * *"Non evitare coloro che piangono e con gli afflitti mostrati afflitto.*
> *Non indugiare a visitare un malato, perché per questo sarai amato"*
> (Sir 7,38-39)

VIVERE E MORIRE

Sembra un assurdo, ma è un binomio che deve crescere insieme;
uno spiega l'altro, uno dà significato all'altro,
fino a quando uno assorbirà l'altro.

Morire non è niente.
Terribile è
morire a poco a poco
credendo di vivere,
con la speranza nel domani;
senza pensare
che il domani di ieri è oggi.
Ma l'oggi
viene una volta sola.

Signore,
aiutami a viverlo bene;
che non abbia mai a rimpiangere
di non aver fatto qualcosa
o a rattristarmi invece
per quello che ho fatto.

Dammi il senso del tempo,
del tempo che passa,
del tempo che è un tuo dono
e una mia possibilità:
possibilità di vivere
questo mio tempo
per l'eternità.

* *"Il regno de cieli è simile a dieci vergini che, prese le loro lampade,*
uscirono incontro allo sposo.
Vegliate, dunque, perché non sapete né il giorno né l'ora" (Mt 25,1.13)

SIGNORE, TI HO TRADITO

C'è una pagina nel Vangelo che sempre affascina: il tradimento di Pietro.
Subito stupisce il suo rinnegamento,
ma poi lo si riconosce umano e lo si sente tanto vero.

Signore, è sera.
Ma questa è una sera diversa
perché ti ho riscoperto.
Oggi, pensando alla mia vita,
ho visto in me l'immagine di quel Pietro
che ti ha rinnegato.
Ho finto di non conoscerti,
di non vederti.
Dov'è il mio battesimo, Signore?
Dov'è il mio essere cristiano?

Che amarezza!
Troppo spesso ti ho lasciato in un angolo,
troppo spesso ho preferito non conoscerti
negli amici, nei famigliari,
troppo spesso non ho dedicato a te parte del tempo
che è pur sempre tuo.

Nonostante tutto
oggi ti ho scoperto più vicino a me,
ti ho sentito più vicino per dirmi:
"Dai, ricomincia tutto da capo".
Allora mi sono chiesto
come puoi perdonarmi tutte le volte,
essere sempre così buono con me,
nonostante i tradimenti, le vigliaccherie.

Già, ma tu sei Dio...
E allora ti dico "grazie"
per ciò che mi dai e che non merito
e timidamente ti prego
di starmi vicino in ogni momento,
soprattutto quando sto per cadere,
quando sto per rinnegarti.

* *"Rendo grazie a colui che mi ha dato forza,*
Cristo Gesù nostro Signore, perché mi ha giudicato degno di fiducia...
Mi è stata usata misericordia" (1 Tim 1, 12-13)

L'IMPEGNO DEL MIO BATTESIMO

Il fonte battesimale, presente in ogni chiesa, ricorda il nostro essere cristiani: è un ritorno alla sorgente di grazia che ci ha rigenerati.

Signore Gesù,
sostieni il mio impegno
assunto nel Battesimo,
davanti a Te e alla Chiesa.
Intendo realizzarlo ogni giorno,
con l'aiuto di Maria,
come gratitudine al Padre
per avermi donato la fede.

Per questo
ti offro le mie preghiere
e i miei sacrifici,
le mie gioie e il mio lavoro.
Con l'aiuto dello Spirito Santo
e secondo le mie forze,
voglio impegnarmi
perché tutti gli uomini
che ancora non ti conoscono
imparino ad amarti.

* *"Tu rimani saldo in quello che hai imparato e di cui sei convinto,*
sapendo da chi l'hai appreso
e che fin dall'infanzia conosci le Sacre Scritture" (2 Tim 3,14)

TESTIMONIARE

La nostra fragilità si ripercuote spesso nell'impegno di testimonianza, incapaci di rivelare al mondo il vero volto di Dio.

Gesù Maestro,
riconosco di essere indegno
di servirti,
di portarti agli altri,
di testimoniarti con la mia vita.
Chi mi è vicino,
chi osserva i miei gesti
e ascolta le mie parole
non vede te,
la tua semplicità, la tua bontà.

Sono un'immagine sbiadita
del tuo amore
e della tua grandezza.

Raffinami, Signore,
purifica con il fuoco
il mio cuore e la mia mente.
Fa' che i momenti di tristezza,
di sconforto e di paura
siano il crogiolo
in cui le scorie del mio io
si separano dal metallo prezioso.
Fa' che i momenti del dubbio,
di crisi e di incertezza
siano il fuoco che brucia
tutto ciò che impedisce
il riconoscimento pieno e sicuro
di te e della tua potenza.

Raffinami, Signore,
perché possa diventare
un degno annunciatore
della tua parola,
un umile portatore
della tua speranza,
un sincero testimone
della tua bontà.

* *"Lo Spirito del Signore scenderà su di voi*
e mi sarete testimoni fino agli estremi confini della terra" (At 1,8)

SIGNORE, IL MONDO TI ASPETTA

Gli uomini hanno ricevuto tutto il necessario per costruire un mondo bello e buono,
ma non sono stati capaci di far tesoro di questo grande dono.

Signore,
tu ci hai dato un mondo da costruire
e ci hai donato come sabbia la fede,
come cemento la pace,
e come mattoni la vita e l'amore.
Noi
abbiamo trasformato la fede in ipocrisia;
la pace in una vile e ingiusta guerra,
manovrata da fantocci di cartapesta,
con il cuore di pietra;
la vita in una ruota sgangherata
che gira attorno all'odio e all'ingiustizia.
E abbiamo buttato via la fede,
la pace, la vita e l'amore
per un mondo di carta velina
che si può strappare
da un momento all'altro.

Ma questo mondo così crudele e falso
ha ancora bisogno di fede, di pace, di vita
e soprattutto di amore,
anche se tante volte
non vuole ammetterlo.
Questo mondo sta cercando
di ricominciare dall'inizio
e di recuperare i resti di quello che ha buttato.
Dacci tempo, o Signore,
di prepararci per la tua venuta
e cerca di capirci
se, quando tu verrai,
il mondo
non sarà come lo volevi tu.

* *"E' ormai tempo di svegliarvi dal sonno, perché la nostra salvezza è più vicina ora di quando diventammo credenti"* (Rm 13,11)

AVVENTO, TEMPO DI ATTESA

Ogni giorno della storia è tempo di attesa,
perché ognuno spera sempre in qualcosa di nuovo e di migliore.

Si attende sempre qualcuno,
si aspetta sempre che avvenga
qualcosa di nuovo.
Quali attese? Quali aspirazioni?

Vieni, Signore, il mondo ti attende.

La tua venuta è sempre improvvisa,
è sempre nuova e innovatrice.
Tu sei già venuto,
tu vieni adesso,
tu ancora verrai.
Ma chi ti attende?
Chi annuncia la tua venuta?

Vieni, Signore, il mondo ti attende.

Ti attende chi è solo e povero,
ti attende il ricco e il potente,
ti attende il piccolo e il grande,
ti attende chi non ti conosce,
ti attende il semplice fedele,
ti attende anche chi non ti vuole.

Vieni, Signore, il mondo ti attende.

Vieni a riscaldare i gelidi cuori,
vieni a illuminare le menti confuse,
vieni a rafforzare la volontà dei deboli.
Vieni soprattutto a consolare chi è triste,
a confortare chi è deluso.
Vieni a tracciare la strada
a chi ha smarrito il senso della vita.
Vieni, Signore, il mondo ti attende.

* *"Preparate la strada al nostro Dio.*
Ogni uomo vedrà la gloria del Signore" (Is 40,3.5)

E' NATO UN BAMBINO

La nascita di una nuova creatura è sempre motivo di speranza e di gioia, perché è conferma che il Dio della vita continua ad elargire i suoi doni.

Ogni bambino che nasce
è un dono del tuo amore,
o Dio.
Ogni vita nuova
è segno che tu, o Dio,
ancora non ti sei stancato di noi.
Hai fatto l'uomo e la donna
a tua somiglianza:
li hai voluti creatori e datori di vita
come te, Signore, della vita.
Hai santificato il mistero
dell'amore e della donazione,
hai effuso il tuo Spirito
perché nel mondo aleggiasse
lo spirito della vita.

E' nato un bambino, Signore.
E' figlio tuo,
prima di essere figlio di qualunque altro.
E' nato un bambino, Signore.
Piange per tutti i bambini
che non sono nati,
soffre per i troppi bambini
che muoiono di fame,
sorride a chi lo circonda d'affetto.
E' nato un bambino, Signore.
Spalanca i suoi occhi
per contemplare le meraviglie del mondo,
balbetta i primi indecifrabili suoni
per dire grazie a te,
Signore, Dio della vita.

* *"Un bambino è nato per noi,*
ci è stato dato un figlio" (Is 9,5)

IL GESTO DI UN BIMBO

Gesù ci ha insegnato a guardare i bambini e ad imparare ad essere come loro.

Signore,
oggi ho scoperto
che anche in questo mondo frenetico
in cui a nessuno importa
se un fratello muore di fame,
se a un innocente viene tolta la vita
prima ancora che lui la possa conoscere;
in questo mondo
dove i vecchi
non sono più considerati
persone degne di rispetto
perché non producono più;
in questo mondo
ci può essere ancora
un atto di amore disinteressato.

E sai, Signore,
ho scoperto questo
vedendo un bambino
tendere la mano
e sorridere,
nel gesto della pace
ad una vecchia donna.

Signore,
ti prego
perché si ripetano
tante e tante volte ancora
questi gesti di amore.

* *"Se non vi convertirete e non diventerete come i bambini, non entrerete nel regno dei cieli"* (Mt 18,3)

AMARE LA VITA

Amare: parola tanto grande e inesauribile, soprattutto quando ad amare ci insegna Lui, il Dio autore e fonte dell'amore.

Nessuno più del Signore ama la vita.
Vorrei amarti, Vita.
Vorrei amarti, Amore.
Vorrei amarti, Signore.
Vorrei riuscire
a non dire mai più "vorrei",
sforzandomi di credere al domani
come un domani donatomi da te,
offertomi dalla tua sofferenza,
dalla tua gioia,
dalla tua purezza.

Un futuro difficile,
ma facile nel tuo amore,
realizzabile nella tua parola.

Poter gridare:
le mie aspirazioni sono le tue,
le mie forze sono le tue,
le mie delusioni sono le tue.
Senza pensarmi, ma pensandoti,
senza ricevere, ma donandomi,
senza parlare, ma ascoltandoti.

Vibrare nella tua onnipotenza,
rendere partecipi gli altri
per lottare insieme
per amare insieme
per riuscire insieme.

* *"La vostra vita è ormai nascosta con Cristo in DIO!*
Quando si manifesterà Cristo, la nostra vita,
allora anche voi sarete manifestati con lui nella gloria" (Col 3,3-4)

SIGNORE, HO BISOGNO DI UN SORRISO

Costa poco offrire all'altro un briciolo di gioia:
a volte basta un sorriso.

Signore,
non deludermi.
Fammi trovare negli altri
quello che cerco.
Oggi questo non l'ho trovato;
anzi, ho incontrato
una grande indifferenza.

Perché, o Signore,
sono tutti così egoisti?
Perché oggi nessuno si è degnato
nemmeno di un saluto
o di un sorriso?
Signore,
sorridimi tu!

* *"Per un amico fedele non c'è prezzo, non c'è peso per il suo valore.*
Un amico fedele è un balsamo di vita,
lo troveranno quanti temono il Signore" (Sir 6,15-16)

BASTA POCO

La nostra vita è fatta di piccole cose,
ed è con queste che si realizzano cose grandi.

Basta poco
per fare felice una persona.
Basta talmente poco
che non ti accorgi
che è una persona.
Manca di qualcosa,
e, donandogliela,
tu la farai felice.
Basta farle capire
che ti è utile,
ti è indispensabile.
Basta darle
un po' d'amore disinteressato.
Basta dirle che l'ami.

Basta un gesto
per fare felice una persona.
Ma un gesto sbagliato
può rovinare tutto.
Basta un niente
per umiliare e annientare una vita.

Signore,
aiutami a donarmi
senza farlo pesare.
Insegnami a dare
senza esigere un prezzo.

* *"Al povero stendi la tua mano,*
la tua generosità si estenda ad ogni vivente" (Sir 7,32)

TI CHIEDO L'AMORE

Non si ama perché non si prega; non si riesce ad accettare gli altri, non si dona loro un po' del proprio tempo perché non si prega per loro.

Signore,
quando ti parlo la sera,
non prego per le solite cose,
ma per un motivo ben preciso:
l'Amore.

Sai,
per me l'amore
è la cosa più grande
e più bella al mondo.

Voglio amare, Signore!
Vorrei sapere amare tutti,
tendere la mano
a chi ne ha bisogno,
vorrei essere meno egoista,
più sensibile e aperto
ai fatti di questa umanità.

Per questo ti prego,
Signore:
inietta un po' d'amore
nel mio arido cuore.

* " *Amatevi gli uni gli altri, perché l'amore è da Dio.*
Chiunque ama è generato da Dio e conosce Dio" (1 Gv 4,7)

NON HO NULLA

Davanti al Signore, chi si crede forte e sicuro di sé,
deve riconoscere con umiltà i propri limiti e la propria miseria.

Signore,
ho tanto bisogno di amare
e di credere in te.

Forse dalla vita
ho avuto troppo,
ed è per questo che non sempre
ti ho cercato,
perché pensavo di avere tutto.
Mi accorgo invece
di non possedere nulla,
neppure la forza di amarti.

Eppure…credi, Signore,
quando prego
e chiedo il tuo aiuto,
so che sei qui con me.
Ed è proprio in questi momenti
che, pensando a te, piango,
e in queste mie lacrime
trovo la forza
di amarti e di amare.

* *"Vedendo una povera vedova che gettava due spiccioli, Gesù disse:*
Questa vedova, povera, ha messo più di tutti…
Nella sua miseria ha dato tutto quanto aveva per vivere" (Lc 21,3-4)

MI AMI?

La domanda rivolta da Gesù a Pietro risuona nel cuore dei cristiani: dall'amore per il Maestro dipende la fedeltà al suo messaggio, l'adesione totale alla sua volontà

Poni anche a me, Signore,
la domanda fatta a Pietro:
mi ami tu?
Tormentami spesso con questo
interrogativo,
perché, senza di te,
senza la tua presenza,
senza i tuoi richiami,
io non so amare.

Fissami con il tuo sguardo
perché i miei occhi non siano distolti
da altre attrattive.
Le persone che si vogliono bene
si guardano a lungo negli occhi:
ho bisogno del tuo sguardo d'amore,
Signore.

Rivolgimi la tua parola
perché il mio cuore si scaldi
mentre tu parli
e arda del tuo amore.
Se tu parli, sono più sicuro
e più forte è in me
il desiderio di seguirti.

Scuotimi dal mio torpore,
liberami dalle mie inutilità
perché nel mio cuore
possa fare posto a te.

Tormentami, Signore,
con la tua domanda d'amore
e non lasciarmi in pace
fino a quando il tuo amore
non sia in me.

* *"Signore, tu sai tutto, tu sai che ti voglio bene.*
Rispose Gesù a Pietro: Pasci le mie pecorelle" (Gv 21,17)

PERDONO

Cosa sarebbe l'uomo senza il perdono di Dio, senza la sua infinita misericordia?
Cosa sarebbe l'uomo se, dimentico del perdono ricevuto, rifiutasse al fratello il gesto di riconciliazione?

Alzo alto lo sguardo
e ti vedo inchiodato sulla croce,
Gesù.
I tuoi occhi mi guardano
pieni di dolcezza e di misericordia
ed ancora una volta le tue labbra
pronunciano la parola d'amore:
"Ti perdono"!

Sì, come un giorno sul Calvario,
tu continui a salvare il mondo
con il tuo gesto d'amore.
Abbiamo bisogno
del tuo perdono, Signore,
per le nostre infedeltà,
miserie e tradimenti.
Abbiamo bisogno del tuo perdono
per imparare ad amare
e perdonare.
Ancora non abbiamo appreso
la tua lezione di perdono:
pretendiamo e non doniamo,
esigiamo e non concediamo.

Il nostro mondo è povero
perché non sa amare;
invoca la pace
ma non sa compiere gesti
di riconciliazione.

Facci comprendere, Signore,
che il più grande regalo
che possiamo fare al fratello
è il perdono.
Insegnaci ad avere tra di noi
atteggiamenti
di bontà e di misericordia:
solo così diventeremo
operatori di pace.
Aiutaci a capire che il nostro mondo
sarà più vero e più umano
solamente quando avrà imparato
a perdonare.

Insegnaci, Signore,
a perdonare ai nostri fratelli
come tu hai perdonato a noi.

* *Amate i vostri nemici e pregate per i vostri persecutori,*
perché siate figli del Padre vostro celeste
che fa sorgere il sole suoi buoni e sui cattivi" (Mt 5,44-45)

HO RUBATO

Cosa possediamo di veramente nostro? Forse niente o forse tutto...
Sprecare è come rubare.

Ho rubato il fiore
che sbocciava nel prato.
Di chi era quel fiore?
Del vento, del sole,
del passero e dell'ape.

Ho rubato il pane
che abbondava sulla mensa.
Di chi era quel pane?
Del bimbo affamato,
del povero in strada,
del frate col saio.

Ho rubato il libro
che ho sciupato e mai letto.
Di chi era quel libro?
Del giovane intelligente,
del compagno studioso,
dell'uomo analfabeta.

Ho rubato il tempo
che ho perso in sciocchezze.
Di chi era quel tempo?
Era mio, per crescere,
per gioire ed amare,
con amici sinceri.

Ho rubato il dono,
il dono più grande,
la vita,
che ho preso con forza,
senza mai dire grazie.

Non voglio più essere ladro,
Signore,
non voglio più portar via
ciò che non è mio,
che non mi appartiene.
Non voglio più
sottrarre ad altri
ciò che tu mi hai donato
perché lo condivida
e lo offra
a chi ne ha bisogno.

* *"Ciascuno viva secondo la grazia ricevuta,*
mettendola a servizio degli altri,
come buoni amministratori di una multiforme grazia di Dio" (1 Pt 4,10)

COSTRUIRE LA PACE

C'è tanto bisogno di pace: dono di Dio e impegno dell'uomo.
Non dipende solo dai potenti, ma ognuno può e deve essere costruttore di pace.

Il messaggero di pace
ha smarrito la strada,
non giunge più a noi
da paesi lontani
a parlare di pace
a portare la gioia
promettendo salvezza.

Il ramo d'ulivo
benedetto alle Palme
se ne sta rinsecchito
in un angolo della casa,
simbolo ormai ingrigito.

Signore,
quante volte ho sentito parlare di pace;
quante volte il mio cuore ha pianto
per la guerra e l'odio del mondo;
quante volte ho gridato con altri
uno slogan ritmato,
nella convinzione che le parole e le proteste
potessero cambiare le cose
e trasformare tutti
in pacifici uomini.

Parlare di pace
è forse importante,
ma non basta,
perché non coinvolge nel profondo.

Costruire la pace:
questo è un impegno
da realizzare ogni giorno
come scelta di vita,
non a parole,
ma in gesti concreti.

Signore,
per quel che dipende da me,
voglio essere
messaggero di pace,
voglio rinverdire il ramo d'ulivo,
voglio offrire le mie mani e i miei piedi
per fare di te
il cuore del mondo.

* *"Come sono belli sui monti i piedi del messaggero di lieti annunci*
che annuncia la pace,
messaggero di bene che annuncia la salvezza" (Is 52,7)

FARE LA VOLONTA' DI DIO

Accettare fino in fondo la volontà del Padre è la mèta a cui Gesù è giunto; le tappe di questo cammino sono rappresentate da infiniti gesti di donazione.

Signore Gesù,
con la tua vita
hai insegnato cosa significa
accettare totalmente
la volontà del Padre.
Bere fino in fondo le gocce
del calice di Dio
ha comportato far sgorgare
gocce di sangue
dal tuo corpo, Cristo Gesù.
Tutto questo l'hai fatto per noi,
perché il mondo comprenda
la legge dell'amore,
impari l'esempio della donazione.

Signore,
hai accettato di soffrire
per alleviare le nostre sofferenze.
Grazie per questo tuo gesto.
Dona conforto a chi sta soffrendo
ingiustizie e persecuzioni,
allevia il dolore degli ammalati
e insegnaci
a diventare pazienti ed umili
senza troppo lamentarci.

* *"Padre, se vuoi, allontana da me questo calice!*
Tuttavia non sia fatta la mia, ma la tua volontà" (Lc 22,42)

CHE COSA FARO’ DA GRANDE

Non sempre è chiaro cosa faremo o cosa vorremmo fare.
Nel Signore il progetto è già tracciato: sta a noi scoprirlo e costruirlo.

Quante volte mi hanno chiesto:
“Cosa farai da grande?”.
Quante volte ho risposto:
”Non so”.
Signore, in un salmo si dice
che tu già ci conosci,
che sai tutto di noi.
Allora tu sai
“che cosa farò da grande”,
tu sai ciò che realizzerò,
tu sai, soprattutto,
se diventerò grande,
grande come vuoi tu,
come desideri per me.

Questo pensiero, Signore,
mi infonde coraggio
e tanta serenità;
coraggio di andare avanti,
anche se i dubbi mi fanno paura,
anche se non mi capisco
e non vedo che buio attorno a me;
serenità, perché il tuo sguardo
è posato sui miei giorni,
sul mio presente e sul mio futuro;
serenità
perché nel tuo cuore
c’è un posto per me,
da sempre e per sempre.

* *“Signore, tu mi scruti e mi conosci, tu sai quando seggo e quando mi alzo.*
Penetri da lontano i miei pensieri,
mi scruti quando cammino e quando riposo” (Salmo 138)

L'ANNUNCIO A MARIA

Dire sì al Signore come ha risposto Maria all'annuncio dell'angelo: questo è il desiderio di ogni cristiano, questo è l'impegno di tutta una vita.

Eri sola, Maria,
sola nella tua casa povera e semplice,
eri in preghiera.
Era abituale per te la preghiera.
Anna e Gioachino, tuoi genitori,
tante volte ti avevano parlato di Dio,
leggevano con te le Sacre Scritture,
ti portavano al tempio di Gerusalemme per la festa.
Dio era in te
e tu eri di Dio.

"Ave piena di grazia":
così l'angelo ti ha salutata
per dirti che eri la prediletta,
la tutta pura, la donna vergine amata da Dio.
Tempio di santità e di bellezza,
il Signore ti ha voluta sua Madre,
è venuto ad abitare in te;
si è fatto uomo ed ha preso carne
nel tuo seno verginale.

Ma il Signore, che è grande e potente,
lui che tutto può,
ha avuto bisogno del tuo sì, Maria,
ha chiesto la tua disponibilità,
la tua collaborazione.
Quel sì ha cambiato la tua vita,
ha cambiato i tuoi progetti di giovane donna,
è stato motivo di pene e di sofferenze per te,
ma ha portato la salvezza a tutti noi.

Grazie, Maria, per quel sì.
Con te vogliamo magnificare il Signore
per le meraviglie in te compiute.
Prega per noi, Maria,
perché sappiamo dire tanti sì
generosi, fedeli, sinceri.

* *"L'anima mia magnifica il Signore
e il mio spirito esulta in Dio mio Salvatore"* (Lc 1,46).

I SANTI

I giusti ci attendono in cielo per fare festa,
per godere insieme della gioia di Dio.

In festa si radunano
gli amici del Signore
risplendenti di luce:
sono i santi beati del cielo
pietre vive e preziose
scolpite dallo Spirito
per costruire il Regno di Dio.

Dalla terra si innalza la lode
al popolo santo
che, nello splendore del cielo,
è vicino a Cristo Signore.

Tu, grande Dio,
che nella vita dei santi
riveli la tua bontà,
fa' che onorandoli
ci sentiamo in comunione con te
e impariamo,
con il loro esempio,
a seguirti e annunciarti.

Tu, Cristo Redentore,
che hai pianto per Lazzaro
e lo hai risuscitato,
tu che hai vinto la morte,
perdonando e promettendo il tuo
Regno,
guida tutti noi,
che speriamo nel tuo nome,
da morte a vita
e fa' che ognuno ti attenda
con la lampada accesa.

Concedi, o Buon Pastore,
ai fratelli defunti
di vedere il tuo volto
nella gloria dei cieli,
riuniti con tutti i santi
che già veneriamo
e preghiamo con fervore.

* *"Il Padre della gloria vi dia uno spirito di sapienza e di rivelazione;*
illumini gli occhi della vostra mente, per farvi comprendere
a quale speranza vi ha chiamati,
quale tesoro di gloria racchiude la sua eredità tra i santi" (Ef 1,17-18)

TUTTO PARLA DI DIO

Il creato loda il suo Creatore, il Dio che dal nulla ha plasmato ogni cosa: l'uomo, sua creatura, è chiamato ad unirsi al grande inno di lode.

I cieli cantano la gloria di Dio,
le stelle raccontano le sue meraviglie.
Tutto il creato loda il suo Creatore,
anche l'essere più piccolo
ringrazia il suo Dio.

Cose grandi ha fatto il Signore per noi.
Tutto ha posto a nostro servizio.
Ha creato il sole e la luna,
gli astri, le stelle e i pianeti
e la terra l'ha affidata all'uomo.

Ha dato vita agli animali,
alle piante e agli uccelli
e l'uomo l'ha fatto più grande di tutti.

Ha fatto scaturire le acque dalle rocce,
ha coperto di neve le montagne
e all'uomo ha dato la capacità
di salire in alto.

Ha diviso il tempo nel giorno e nella notte,
ha stabilito il mutare delle stagioni
e l'uomo l'ha fatto signore della storia.

Quanto sono grandi, o Dio,
le tue opere!
Quanto è immensa la tua bontà
e la tua misericordia!
Ogni creatura canti la bontà del Signore
e lodi in eterno il suo nome.

* *"O signore, nostro Dio,
quanto è grande il tuo nome su tutta la terra!"* (Salmo 8)

DIO, TU ESISTI

E' difficile parla di Dio, convincere gli altri della sua esistenza e che questa nostra fede è l'esperienza più grande che trasforma la nostra vita.

Signore,
io penso a te senza riuscire a delinearti,
senza riuscire a darti uno spazio.
Penso a te come ad una parte d'infinito,
un infinito di un altro infinito,
e capisco che l'unica forma che hai
non è né il bene né il male,
ma un infinito di vita,
e ho da dirti molte cose.
Non riesco più a dire agli altri
la mia fede.
Non so come esprimerlo,
perché ogni parola che dico
viene soppesata, valutata,
giudicata e ragionata,
e gli altri finiscono per dimostrarmi
che tu non ci sei, non esisti,
che sei una mia illusione.

Io non riesco a spiegare
che non si muore su una croce,
come hai fatto tu,
e tanto meno si muore per gli altri
se non per amore.
Nessun padrone muore per i suoi schiavi.
Forse l'uomo ha ancora bisogno
che tu gli dimostri il tuo bene,
con prove visibili, con miracoli.
Io voglio dire agli altri che tu esisti,
voglio dirlo subito, oggi,
perché domani è ancora troppo lontano.
Voglio dimostrare che è l'uomo
che ha sbagliato tutto,
che l'uomo non può essere tale
se non recupera le qualità
che ha perduto:
e, riacquistando la sua parte migliore,
realizza quello che tu volevi:
la sua libertà,
la nuova libertà,
la libertà di essere
finalmente uomo.

* *"Disse Gesù a Tommaso: Perché mi hai veduto, hai creduto. Beati quelli che pur non avendo visto, crederanno"* (Gv 20,29)

UN DONO PER NATALE

L'immagine del Natale si accompagna nei nostri ricordi
al misterioso incanto dei doni portati dal Bambino Gesù.
Crescendo, si perde l'ingenuità infantile, ma dovrebbe rimanere
nel nostro cuore la semplicità di quel tempo.

Signore Gesù,
da tempo non ti scrivo più
la letterina
per chiederti giocattoli
e pace per mamma e papà.
Non credo più ai doni
portati dal cielo,
ma non è perché sono cresciuto.

Signore,
non mi sento più maturo
di quando spiavo, la notte,
l'arrivo del Bimbo divino.
Più cresco negli anni,
più acquisto certezze
e più mi scopro insicuro e debole,
complicato nei miei pensieri
e nei miei gesti.

Vorrei tornare com'ero
quando scartavo i regali,
convinto che Tu,
in veste bianca,
avessi preparato quei pacchi,
i tuoi doni per me,
perché ero stato buono.

Vorrei tornare bambino,
dentro il cuore,
per saper dare un solo nome
ad ogni cosa
e per non temere
ciò che non capisco,
che non riesco a spiegarmi.

Un dono, Signore Bambino,
ancora ti chiedo,
uno solo mi basta,
perché è il più importante,
perché mi potrà ridonare la gioia
serena d'un tempo:
ti chiedo, o Gesù,
la semplicità.

* *"Disse Gesù: Lasciate che i bambini vengano a me,*
perché il Regno di Dio appartiene a quelli che sono come loro" (Mt 19,14)

LA STELLA E I MAGI

I tradizionali simboli della festa dell'Epifania
sono preziosi indicatori per il cammino della nostra vita.

Ho sognato una stella
splendente nel cielo.
E' la fede che tu, Signore,
mi hai donato,
è la luce che guida i miei passi
verso Te
che attendi i miei slanci,
il mio sì adorante.
Che io possa trovarti
oggi e sempre;
che ogni uomo, nel suo cammino,
veda un giorno brillare la stella
e la segua sicuro.

Ho sognato tre ricchi signori,
i gran magi d'oriente;
seguivano la stella,
cercavano Te, il Re neonato,
il vero potente.
E' la scienza, Signore,
la sapienza del mondo
ispirata da Te:
sa cercarti,
sa trovarti e onorarti.

Che la terra,
la terra dei grandi,
dei forti e dei saggi
cerchi Te Amore,
non più l'odio;
cerchi Te che sei Vita,
non più morte;
cerchi Te che sei Pace,
non più violenza.

Ho sognato tre scrigni preziosi,
custodivano oro, incenso e mirra:
i doni per Te, Re bambino.
C'era l'oro perché sei Signore,
c'era incenso perché sei Dio,
c'era mirra perché sei la Vittima
crocifissa per noi.

Ti adoro, Signore,
che ti riveli
nello splendore della tua povertà,
nella forza della tua mitezza,
nella grandezza della tua croce,
nella gioia della tua risurrezione.

* *"Al vedere la stella, provarono una grandissima gioia.*
Entrati nella casa, videro il bambino con Maria sua madre,
e prostratisi lo adorarono" (Mt 2,10)

OH! CASA DI NAZARETH!

Per ogni famiglia non esiste modello ed esempio migliore
che la famiglia di Nazareth.

Oh! Casa di Nazareth
scuola del Vangelo
ove si inizia a comprendere
la vita di Gesù!
Qui si impara a contemplare,
ascoltare, meditare,
a penetrare nel significato
della misteriosa manifestazione di
Gesù.
Qui si vive la conversione spirituale,
si ritorna fanciulli,
umili, semplici, poveri,
per andare a scuola da Gesù.

Oh! Santa e dolce dimora
dove Gesù fanciullo
nasconde la sua gloria;
docile e obbediente
si addestra nell'arte del falegname;
dolce e premuroso
medita, con Maria,
la Parola di Dio Padre.

Oh! misterioso silenzio di Nazareth,
insegnaci ad essere attenti
alla vita interiore,
pronti ad ascoltare
le segrete ispirazioni di Dio.
Insegnaci a comprendere
l'importanza della meditazione,
dello studio, del lavoro,
della preghiera,
di quello che Dio solo
vede nel segreto.

Gesù, Maria, Giuseppe,
famiglia di Nazareth,
vogliamo comprendere
il valore della vera famiglia:
la sua bellezza austera e semplice,
il suo carattere sacro ed inviolabile,
la sua comunione d'amore.

Oh! dimora di Nazareth,
casa del Figlio del falegname!
Qui vogliamo apprendere
il valore del lavoro, della pace,
della disponibilità al volere di Dio.
Oh! Famiglia di Nazareth,
esperta dell'amare e nel soffrire,
dona al mondo,
ad ogni famiglia,
la pace, l'amore, la serenità.

"Maria conservava tutte queste cose nel suo cuore.
Gesù cresceva in scienza, età e grazia davanti a Dio e agli uomini" (Lc 2,52)

UN PO' DI CENERE

E' nel silenzio e nella preghiera che si costruisce l'uomo nuovo,
quello che, abbandonata ogni maschera, guarda in se stesso con sincerità.

Ricordati, uomo, che sei polvere
e in polvere ritornerai.

Un pizzico di cenere
per ricordare che il carnevale è finito:
la vita non può ridursi
ad una passerella di maschere.

Un pizzico di cenere
per chinare il capo
in segno di pentimento e di penitenza.

Un pizzico di cenere
per proclamare con convinzione
la beatitudine della povertà.

Un pizzico di cenere
per mettere in processione
una moltitudine di fedeli
che, nella comunità cristiana,
danno inizio
al cammino quaresimale.

Un pizzico di cenere
per richiamare ogni persona
alla caducità delle realtà terrene,
alla brevità della vita umana
e al valore dei beni eterni.

Un pizzico di cenere
che segna una croce in fronte
per invitare tutti,
o Signore,
a portare la croce con te.

* *"Questo è il digiuno che voglio, dice il Signore:*
Dividi il tuo pane con l'affamato, accogli chi è povero e senza tetto.
Allora invocherai il Signore ed egli risponderà: Eccomi!" (Is 58)

CANTA ALLELUIA!

L'alleluia pasquale coinvolge tutta l'umanità, chi ha fede e chi non crede, chi è nella luce e chi brancola nel buio. Per tutti il Signore ha vinto la morte.

Alleluia, fratelli, Cristo è risorto!

Questa è la nostra certezza, la nostra gioia,
questa è la nostra fede.
Cantiamo l'alleluia della vita
quando tutto è bello, gioioso,
quando tutto procede bene,
ma cantiamo anche l'alleluia della morte,
quando, pur tra lacrime e dolore,
inneggiamo alla vita che non muore.
E' l'alleluia della Pasqua,
del Cristo Risorto che ha vinto la morte.
Cantiamo alleluia, fratelli.

Cantiamo l'alleluia di chi crede,
di chi ha visto il sepolcro vuoto,
di chi ha incontrato il Risorto
sulla strada di Emmaus,
ma cantiamo anche l'alleluia
per chi non ha fede,
per chi è avvolto da dubbi e incertezze.

Alleluia, fratelli, per tutti gli uomini.

Cantiamo l'alleluia della vita
che volge al tramonto,
del viandante che passa,
per imparare a cantare
l'alleluia del cielo,
l'alleluia dell'eternità.
Cantiamo alleluia, fratelli.

* *"Maria di Magdala andò subito ad annunciare ai discepoli: Ho visto il Signore!"* (Gv 20,18)

VIENI, SPIRITO SANTO

Lo Spirito del Signore, come Egli aveva promesso, continua a scendere con i suoi doni; a noi invocarlo con grande fiducia.

Spirito di Dio, vieni in mezzo a noi.
Spirito d'amore, raduna la tua Chiesa.

Promesso da Cristo,
dono del suo amore,
scendi su di noi
con i tuoi santi doni.

Spirito di Sapienza e di Intelligenza,
illumina le nostre menti
perché siano aperte ad accogliere
la Parola di Dio
e pronte a leggere
i segni dei tempi.

Spirito di Verità,
donaci il gusto delle cose grandi e belle,
liberaci dalla menzogna e dalla falsità,
rendici testimoni fedeli e decisi
di Cristo Verità.

Spirito di Coraggio,
continua ad inviarci
il fuoco della Pentecoste
perché sappiamo vincere ogni timore e paura
nel testimoniare il Vangelo.

Spirito di Pace,
entra nelle nostre case
con il tuo saluto di Pace
perché diventiamo, in mezzo al mondo,
segno di amicizia e di serenità.

Spirito di Unità,
riunisci i dispersi,
raduna i lontani,
cancella le lotte e le divisioni,
richiama tutte le Chiese
alla riconciliazione e alla comunione.

Spirito di Gioia,
accendi i nostri cuori
con la fiamma del tuo amore,
facci pregustare già ora
la gioia e la felicità promessa
agli eletti per la vita eterna.

Spirito di Dio, vieni in mezzo a noi.
Spirito d'amore, raduna la tua Chiesa.

* *"Il giorno di Pentecoste apparvero lingue come di fuoco
e furono tutti pieni di Spirito Santo e cominciarono a parlare in altre lingue,
come lo Spirito dava loro il potere di esprimersi"* (At 2,3-4)

ASSUNTA IN CIELO

La festa dell'Assunzione di Maria in cielo costituisce la promessa più sicura per il credente: il futuro posto in paradiso.

E' festa per gli angeli in cielo:
la vergine Maria è Assunta
nella gloria di Dio.

Scelta e prediletta dal Signore,
colma di grazie e di bellezza,
Maria ha offerto se stessa
perché il suo corpo diventasse
la casa di Gesù,
la tenda di Dio in mezzo a noi.

Beata sei Maria, che hai creduto!
In eterno canteremo la tua gloria.

In Maria Dio compie le sue meraviglie,
in Maria Dio mantiene le sue promesse:
la promessa di una gioia senza fine,
la promessa di un'eternità beata.
In Maria il cielo è scesi sulla terra,
con Maria la terra si ricongiunge al cielo.

Tutta bella e tutta pura sei, Maria!
In te non c'è macchia di peccato.

La Vergine gloriosa passa da questo mondo
al Regno dei Cieli:
il suo corpo splendente
è assunto nel paradiso della gloria.
L'umile serva del Signore
è innalzata sopra gli angeli
e i santi in paradiso.

Benedetta sei tu, Maria,
Madre e speranza dei credenti.

Madre della Chiesa,
aiuto sicuro di tutti i suoi figli,
dal cielo Maria
rivolge a noi il suo sguardo,
in cielo Maria ci sprona a salire
per condividere con lei
le gioie del Figlio divino.

Santa Maria, Regina del cielo,
attira a Te i nostri cuori!

* *"Dio, ricco di misericordia, ci ha fatti rivivere in Cristo,
ci ha anche risuscitati e ci ha fatti sedere nei cieli"* (Ef 2,4-6)

PREGO CON MARIA

E' come colui che vuole volare ma non ha le ali, chi si rivolge a Dio senza ricorrere a Maria, perché interceda con la sua bontà e il suo sorriso.

Maria
ai piedi della Croce
ci rappresenta tutti.
Ella offre al Padre la vita del Figlio
e con lui
offre tutta se stessa.

Ti prego, Padre,
per l'intercessioni
di Maria che seguì in tutto
le orme del Figlio, fino alla Croce,
rendici sensibili al dolore degli altri
e donaci la forza
di accettare con rassegnazione
le nostre sofferenze,
nella convinzione che sono
sorgenti di salvezza e di redenzione
se unite
a quelle di Cristo e di Maria.

Ti ringrazio
perché ci hai resi immacolati
nel battesimo.
Ti prego
perché ci conservi nella tua grazia.
Aiutaci
a non sciupare la nostra giovinezza
nella stanchezza
di una vita senza ideali.

* *"Tutti erano assidui e concordi nella preghiera,*
insieme con alcune donne e con Maria, la madre di Gesù" (At 1,14)

Indice

Printed by Books on Demand GmbH, Norderstedt / Germany